LOBO Y DEMONIO

Dioni Dimitriadu

LOBO Y DEMONIO

Traducción
José Antonio Moreno Jurado

EL ÁRBOL DE LA LUZ
58
TO ΦΩΤΟΔΕΝΤΡΟ

Padilla Libros Editores y Libreros
Sevilla 2024

C O L E C C I Ó N
P O É T I C A
D E   A U T O R E S   G R I E G O S
C O N T E M P O R Á N E O S
E L   Á R B O L   D E   L A   L U Z
T O   Φ Ω Τ Ο Δ Ε Ν Τ Ρ Ο
N.º 58

Título original: *Λύκος και Δαίμονας*

© de los poemas: Dioni Dimitriadu

© de la traducción: José Antonio Moreno Jurado
© de la presente edición: Padilla Libros

ISBN: 978-84-8434-822-1

D. Legal: SE 1794-2024

1.ª impresión, julio de 2024

Padilla Libros Editores y Libreros
C/ Trajano n.º 18
41002 Sevilla (España)
editorial@padillalibros.com

Una sombra invisible
como una mariposa
se balancea al azar en la luz

huso sin piedad se vuelve
y nos mira
el círculo se cierra.

PEQUEÑOS PREPARATIVOS

Cantidades insignificantes bastante
penosamente mueven sus horas
sin almacenarse jamás
en religiosos
dietarios adorables.

Es su multitud la que tiene la culpa
de sus pequeños nombres
como el anonimato de su sacrificio
por una ausente —aunque pequeña—
    resurrección.

RITUAL DE LO INSIGNIFICANTE

La dosis perfecta al principio.
Dos cortes de silencio y nada de azúcar.
Una mezcla lenta
como se enredan los cortes de la vida
en estrecho diámetro
como los pasillos de las casas
con pequeños tragaluces
pequeñas respiraciones en patios oscuros
donde se distancia un poco la vida.
Espera con ataraxia
que no se enturbie el pensamiento con palabras
    sin relación.
Y después un golpe imperceptible
hasta tocar el cuerpo
despertándolo del letargo
de una cálida respiración.
Y otra vez una mínima espera allí
en la onda ligera.
Y con el primer suspiro
dura retirada
concienciación de abstinencia.
Después despacio y placenteramente

con el cerebro en otros tiempos
bebe el resultado
del mar turbulento.

LA MUJER DE LOT

Aún no había amanecido
cuando se detuvo en la puerta
con las sombras nocturnas
hondamente en la mirada
esperando la luz
en la primera raya.
Cuando en el horizonte lejano
comenzó a amanecer
ella volvió la espalda
e inmóvil miró fijamente
su propia noche.

LOS COMENSALES

Os tengo en mi cabeza
sentados por aquí alrededor.
A alguien que apoyó el pie
en la silla de al lado
bebiendo despacio las nubes.
Al otro que se levantó
y daba dos vueltas
con los ojos cerrados
escuchando
el ritmo silencioso en él
conversaciones hundidas
en tiempos antiguos.

Os tengo a todos
encarcelados.
Y a vosotros que partisteis
siguiendo sombras invisibles.
Rostros y manos
apoyados aún
en las paredes
escribiendo nombres
en la memoria para siempre.

El recuerdo tiene cuerpo
dura mirada
de acero
te rompe en pedazos.
Gota a gota
arrastra vida
desde el secreto cordón umbilical
olvidado desde antiguo.
Tarde es ya
para intervenciones cruciales.
En habitaciones estrechas
sin una puerta de escape
se disuelve trozo a trozo
el cuerpo destrozado.
Buscando
firmemente a la única
me siento a la mesa
a vuestro lado.
Todos presentes
en ausencia dada.

DE PAPEL

Construía pequeños barcos de papel.
Los rompía con arte en las esquinas
por otro sitio redondeaba para que pareciera
   una quilla.
Al final escribía con letras negras
un nombre en su costado.
Siempre el mismo.
Regreso.
Al poco cuando los dejaba correr en el agua
se lamentaba de que no se iban lejos
pero a veces inclinándose se dejaban disolver
por la costumbre corrosiva
que todo barco encuentra
cuando quiere vencer distancia y tiempo
borrando toda ley antiquísima
sin cargas y alma
sin ningún dios o demonio.
Después, otra vez desde el principio
lanzaba un nuevo barco de papel al agua
bautizando su nueva obra
experiencia sin precedente
aunque supiese que regresos

ya nunca se prevén
ni en mar
ni en tierra.
Hecho de papel
todo lo humano.

OLVIDO

Poderoso olvido
trabajador.
Alisa pacientemente
todas las esquinas cortantes
abole metódicamente
todo lo almacenado
para momentos de necesidad.

En tiempo de sequía
nos encontraremos totalmente secos.

PALABRAS ESCARPADAS

A veces las palabras te sostienen
para que no te arrastres al huir
allí al extremo del camino
y te precipites.
Siempre: palabra fraudulenta e inmaterial
aunque muy tranquilizadora
y llena de calor.

Pero hay otras también que
—desobedientes ellas—
te arrastran por entero
a mirar el caos.
Quizás: esta palabra
está hecha de peligro.
Ella sola puede
llevarte a las alturas
como duda infantil
sobre cualquier seguridad.

Y por otra parte se queda
como mudo espectador

cuando se hunden desde los cimientos
tus sólidos edificios.

Palabras escarpadas.
Esas prefieres.
Escríbelas así.

TEMA DE ÓPTICA

Lo vi acercarse con paso firme
ocultando el rostro con una máscara oscura.
Viendo tu mirada para verte, le dije.

Cuando se quitó la máscara vi su rostro.
Dos agujeros negros en vez de ojos.

¿Cómo ves? Pregunté.

*Los ojos son espejos y por eso yo también
miro hacia adentro*, respondió.

*¿Y tu mundo no se oscurece
cuando te buscas tan ciegamente?*

*Coseché la luz y volví la cara. Ahora
mido de otra forma las esquinas ópticas.*

Cuando se puso otra vez la máscara
se mezcló con la multitud
ciego entre los ciegos.

HACIENDO COSTUMBRE

Primero cerró
la gran cortina del salón.
Bajó las luces.
Después se sentó en la única silla
que estaba vuelta hacia la pared.
Cerró sus ojos y
juega ahora
dijo tranquilamente
sin dirigir a nadie la palabra.
En su interior emergían en fila
todos sus dramas de otro tiempo.
Su imagen multiplicada
cambiaba continuamente sus máscaras.

Vivía.

DESCENDIMIENTO

Cada vez que te esperaba
cuando te olvidabas en el juego
y la luz oscurecía afuera
decía yo no habrá una palabra verdadera
de entre todas las proféticas.
Pero olvidaba que somos una ínfima cantidad
de humildes seres que reptan
cada vez que manejan su destino
fuerzas invisibles.
Todo lo humano son juegos
divertidos que se rompen
en las manos divinas.

VUELVE A NACER UN PARAJE SECO

vuelve a nacer un paraje seco
escupe un hueso enteramente negro
y engaña con colores azules
jura en tiempos oscuros
se santigua y el pensamiento se enturbia

te dije que el mundo se deslumbró
cristal que la llama ennegreció
qué pocos quedamos
en el caparazón de la tierra

SÍSIFO AFORTUNADO

debemos imaginarnos a Sísifo afortunado
ALBERT CAMUS

me detengo aquí a los pies de la colina
y calculo este vano
viaje antiquísimo de Sísifo
hasta la cima y otra vez hacia atrás
y estimo arbitrariamente
que tenía razón el antiguo efesio
cuando veía que el camino hacia arriba y hacia
    abajo era el mismo

así también el Sísifo de cada época
cuando mira un poco hacia arriba
todo lo quiere y todo lo espera
no sé si entonces es afortunado quizás sea más
correcto decir que se siente esperanzado
pero cuando vuelve a pensar otra vez
en la subida a la cima
cuando baja ese mismo camino
por el hecho repetido contra la lógica
se sentirá especialmente afortunado

en este juego interminable
entre el deseo de interpretar
y el silencio absurdo
Sísifo se ríe del orden de este mundo
con una sencilla igualación
«el camino hacia arriba y hacia abajo es el mismo*».

*Heráclito, Sobre la naturaleza, fragmento. B 60, Diels—Kranz

UN PEQUEÑO VIERNES

un recuerdo huérfano
en el alfeizar de una ventana
en la que lanza sus primeros verdores
en un platito una lenteja verde
con vistazo efímero
mirando al campo
a la olvidada como ella
procesión del Epitafio

de los «jardines de Adonis»
en todo lo seco ya
para arder como deben
en la llama
junto con todo lo que creció
en años de espera
y después años de tristeza
y ahora de desesperación
y después
de nuevo en una estrechez
junto a cuanto reunió
y cuanto cabe ahora
verdes secas y descuidadas

ruinas de la vida
en un desesperado intento
de espera de la resurrección

sólo que cada nueva espera
la desespera más
y de la misma imagen
en ermita solitaria
cierta tarde del pequeño Viernes
cuando se acercó a la muerte
y se cansó de mirarla

una imagen de la tumba
tenía su color arañado
con una dosis generosa de ocre
en las huellas del tiempo

y después pensó en el poeta
que observó la oscuridad absoluta
y se quedó admirando

todo el negro en su interior

se tranquilizó un poco
cuando sintió que la sombra

pesada cayó sobre ella
y comenzó a dividir
en dos los trozos oscuros
dejando el más oscuro
en el extremo del cerebro
y vistiendo su rostro
con otro más claro
para que no la viesen y se ensombrecieran
cuantos esperan todavía

UNA SAGRADA LOCURA DIONISÍACA

una sagrada locura dionisíaca
crees que sopla alguna vez en la poesía
y entonces la palabra encuentra ménades con
    cabellos sueltos
que buscan enloquecidas
quién será la primera en romper al desgraciado
    mortal
para llorarlo después amargamente arrepentida
burlada por el engaño de dios
sobre su cuerpo mortal

y la poesía así

NOSOTROS CADA VEZ MÁS EQUIVOCADA
Y HETERODOXAMENTE

Nosotros cada vez más equivocada y
    heterodoxamente
deja a los otros
ellos pisan en terreno llano
felices con sus zapatos limpios
con sus ropas nuevas
filtrando las falsas caricias
cuerpos ausentes
ojos vacíos

y después ¿qué tienen que recordar?
en los canales enlodados la vida
juega a los dados su respiración
y el camino con su burla silenciosa
sobre lo correcto y lo impecable
sigue su antiquísima marcha
siempre al revés
ingenuidad engaño falso ídolo
en el otro semblante

en el lado errado del camino
allí la dolorosa verdad

LA ÚNICA PATRIA VERDADERA

la única patria verdadera
sin patrioteros
desagradables mentirosos
mayordomos servidores
de una acepción sobre hinchada
sin héroes enmarcados
plumíferos pagados
por escribir las arrogancias
de una historia condenada

una única patria
volvamos a ella
como conscientes repatriotas

EL SILENCIO

el silencio
—tema de elección y de ejercicio—
cuando mide su peso
en la charlatanería de muchos
sabe seguramente
que arriesga su inexistencia

NI SIQUIERA CON LA LLUVIA
SE CONSUELA

ni siquiera con la lluvia se consuela
sólo monologa
y se deja derretir
junto a las gotas
cuando al caer al suelo
investigan los bajos de la vida
y se escucha pesadamente la acusación
así como tiembla la tierra
para que salga el mismo
lamento anatema

después continúa otra vez
aprendida hace siglos
una por aquí y otra por allá

una marcha interminable

PEQUEÑOS DIOSES

pequeños dioses
en el linaje del hombre
proletarios del esfuerzo
trabajadores de la vida
larga fila de lento andar
en las calles sucias

jamás se empujan
en exvotos de fieles
y ni siquiera tienen seguidores
ellos solos son los elegidos
de una vida sin herederos

pequeños dioses
a la altura humana
para que apoyes en sus pensamientos
tú también dios por poco

HABLO DE AQUELLOS

Hablo de aquellos que comúnmente
comulgaron el tiempo
los nacidos poco antes poco después
o incluso al mismo tiempo

de los que abrieron
en los verdes pupitres escolares
los mismos reconocimientos
y jugaron en los mismos patios
en edificios que van a caerse

de los que escucharon por primera vez
canciones de estaciones ilegales
y vaciaron perseguidos
su sangre en las calles
por alguna consigna terriblemente abolida

de algunos que atracaron sin estar registrados
y de otros que en cárceles voluntarias
fueron pisoteados aunque a nada se negaron

que vieron inesperadamente que el mismo mundo
cambiaba las viejas camisas

que hacen niños que no se les parecen
y de otros que no engendraron consecuencias

hablo de los que escriben
el exorcismo del tiempo
hablo de aquellos que lo leen
como si mirasen viejas fotografías

MARCHA CIEGA

I

siguiendo las huellas del agua
húmedas gotas en las aceras
en las que escurrían las sucias aguas de la
lluvia llegamos al río
con una sola balsa todos nosotros
    sin conductor
confiábamos en que el mar nos pertenece

como si nos tragara el océano
cabalgábamos en la cola de la gorgona

II

Por un momento solo sucumbamos
gritan los tiempos
y nosotros ensordecemos
pisando continuamente en las huellas
    interiores
sacando a la superficie amores saturados

y hablando enteramente de personas
que se perdieron entonces antiguamente

aceptémoslo por un momento
caminemos incongruentemente
jamás ataremos bandera en el mástil
cerraremos los ojos
cuando entregado a las olas
se doble el universal velamen
se hunda con todo el pasaje

por una vez solamente
pongamos en nuestros versos
el grito de los otros
que incapaz se apaga al poco
entonces quizás seamos poetas
por ese momento valioso
en que fuimos la voz de los otros

III

en algún lugar lejano amanece la luz
sólo que aquí
como descansamos apoyando apretadamente

nuestras cien mil soledades
no tenemos ya una mirada limpia para ver
un poco más arriba
del techo de la cueva oscura
que nos cubre frío calor

en algún lugar lejano la vida muy despacio
cambia su vuelta
gotea luz

pero aquí
en las humildes tribunas que todos habitamos
poco hace que al levantarse entre todos el más
    animoso
lo estigmatizamos como loco
respirando en silencio un aire turbio
en algún sitio lejano nacen agricultores
    de la escritura
y nosotros aquí todavía versificamos reglas
rimas sin fines y aforismos secos
incapaces de tocar la vena de la vida.

EL POEMA NO ACOMPAÑA

el poema no acompaña
es mala compañía
te conduce a un espejo
en absoluto deformante
sincera completamente

el poema se acompaña solo
busca continuamente una interpretación
    inocente
porque se soledad es insoportable

cuando escuchas murmullos del verso
es porque la cuchilla encontró su blanco

cuidado únicamente
porque te convence con encantos
de que eres tú
quien sacará el cuchillo
de la profunda herida.

CON LÁPIZ BLANDO

con lápiz blando
deslizándose en el papel
se escriben poemas de amor

el otro lápiz duro del amor
busca una punta cortante
que cae violentamente
rallando las páginas

y cuando el papel se hace harapos
escribiendo sobre ti
en la carne

¿quién dijo que el amor bromea?

además ni siquiera la poesía

LOBO Y DEMONIO A LA VEZ

Pesado el regreso a la patria
la manada repulsiva
y la soledad despiadada

Yo atrapado en la red con mango
una mariposa sin alas

El Lobo.

TARDANZA DE LA LUZ

Ayer soñé que el poeta
no veía
sólo hablaba
lo miré
—ciego y sin cobijo—
no vio que yo suplicaba
algo de su pequeño techo
las tres de la noche
y tardaba mucho en amanecer
haciéndose humo
perdiéndose
y que no me castigue más
su pecado

DICHO DE PROFECÍA

¿Qué sucederá entonces
si todos prendemos fuego?

No previmos una gota de agua
en tarros vacíos nos enterrarán
como a los antiguos antepasados
con sus huesos desmoronados
que deslumbrados el vestigio material
de su mundo inmaterial
de las ruinas
recuperamos
de vida

ÁTROPO

Mudo silencio la memoria de los hombres
como petunia que se lanza a un pozo profundo
para que las almas se enganchen y suban

Mudo grito la tumba de los hombres
señal sin piedad
cruz vacía

Muda señal
paraje vacío
y uno aquí contando
el destino de los hombres

Profundo dolor el mundo
y el cielo un vacío

En la ceja del pozo
se mantiene bien este baile
cuando al contar los pasos
el primero se equivoca
se pierde
y los otros siguen detrás

Palabras que se esparcieron
a la vuelta de la suerte
huso destino y Átropo
sin ninguna esperanza ya
de que roce sus dolores
la gracia del poema.

MÁXIMA AL AZAR

¿Cómo me encontré en esta pequeña era
con paredes construidas con cuatro lados?

Tiranizamos el cuerpo
como en drama volcánico
encendemos la llama con fuertes cerillos
las palabras que nos atan con los brazos atrás
para que ardamos
no vaya a ser que nos comprometamos
en una vuelta al revés

Quien gaste vida
quien la termine
que tiene mástiles y velas
y atrevimiento para mares abiertos

El alma tiembla la tormenta

Locos y extraños a la vez
caminaremos hasta el final
He encontrado el infierno
por eso y el miedo

más oculto
más siniestro con mi alma
anida en mí y come
de mi cuerpo y mi mente
no vaya a ser olvidada y olvidarme

PRESA DEL ENGAÑO

¿Seré el monstruo del cuento
o su rastreador cazador?

Se me agitó el pensamiento y dije:
que sea yo
la víctima
de una culpabilidad antiquísima

Salid entonces
del sendero de la emboscada
oculto
y cantad el triunfo
acaso por vuestra presa

Circula densa
la sangre de la venganza
y se vierte en mis ojos
los tiño de rojo
Ay de la triste humanidad
si se encuentra a mi paso
Mowgli es un cuento
en cuyo interior nos durmieron

a vosotros y a mí
en la
misma
mentira
nos mecieron

No se tranquiliza el paraje con cuentos
y palabras falsas
y busca continuamente la purificación del alma

OMOFAGIA DE SÍ MISMO

Se enfureció el poema
se endurecía mucho su semblante
no resiste la escritura
muchas esquinas cortantes
saldrá sangre de sus entrañas
caliente núcleo
cómo hablar
con palabras blancas
cuando se desborda en él
lo negro oscuro
voz profética
de todos los expulsados
de los lugares paradisíacos
pedrusco arrojado al mar
no besa la ola
sólo afila uñas dientes
y comienza la más temible
omofagia de sí mismo

UNA SOLEDAD INACOMPAÑABLE
DE NACIMIENTO

El calor de mi Lobo
la fiereza de lo salvaje
sombra eterna en el rostro
debes sacar muchos colchones para abrir
    el paisaje
y después dime si puedes hablar sobre mí

Y el Lobo siempre allí insistentemente
    preguntándome
los límites de mi huida
marcha sin compañía única y estéril
le respondo y espero
no vaya a animarse a responderme
    salvajemente
no vaya a pedir compartir compañía
un sacrificio diario me pides
le digo yo
no estoy enseñada

Mi Lobo apartado da vueltas en la casa
clava sobre mí su mirada roja
busca café fuerte y después

cuando me encuentra desertada me dice
lanza tus palabras porque yo sé bien
    cambiarlas

Me abandono a su falacia
y entonces destroza todas las palabras
para que no me quede ninguna entera
y se vuelvan pulpa en sus dientes cortantes
y no recuerden palabra de poeta
con restos de naufragios en playa solitaria

Mira cómo se identifican las formas
mira qué armónicamente dos se vuelven una
y la fiera
me abraza cariñosamente
ya no es terrible
tranquiliza su mirada gris
junto a la terminación de la palabra
me encontró la rayadura
yo y el Lobo una sola
persona desde el nacimiento
una soledad inacompañable

Aquella serpiente que decían
ideó toda la humana

desesperanza
era una madre
que buscaba pesebre para dar a luz

Decían que sabía el arte
de tranquilizar a todas las fieras
con sólo un silbido
con medias palabras
llamarlas
para que se sentaran a sus pies
pastor con el rebaño
el inmolador tuvo un día matanza
ahora alma de un dios único

Al mismo tiempo me encuentro en lugar
    inhóspito
me acuerdo de aquel
y enteramente escucho a escondidas
por si me llama a mí
a purificarme
a cambiar mi piel
a tirar las escamas
a desechar la serpiente
a volverme Lobo
de lobo

ESTRUENDO HERÉTICO

I

Tiempo despiadado en la medida
si haces por dejarte un poco
nada recuerdas
me asusta el momento
en que al buscar
encontremos las señales
—los vencidos de los tiempos—
veremos vacías distancias

Los vencedores
—es sabido esto—
llenan las páginas

Dime qué buscas tú
ateo pisador de brasas
pisando con todo el cuerpo
en aquel cemento del mediodía
que te encendía las piernas
cuando nosotros con alcohol
encendíamos la llama

para que bailaras en ella
entregado a sonidos
pasivamente orientales

Qué buscabas en verdad
con los irreales tú también
una alusión a la vida invisible
la sentiste mientras
nosotros pensábamos
que inclinabas tu cuerpo
entregado al propósito
como si apenas pisaras la tierra
abriendo las alas
para aterrizar al giro
del ritmo y el pálpito

Silencio de sufrimiento irrefrenable
ahora lo sabes
todo está abolido
y tú no volarás

II

Acepta, Señor,
que todos esos

salven alguna esperanza
en el cuerpo de un ángel
sólo conversan
con sus demonios
particulares

Adoradores de la humilde piedad
buscan una resurrección perdida
para que amanezcan
continuamente pequeños viernes
perdidos desde el principio
en el intercambio
engañados en el peso
los apóstatas del cielo

Y aquel arcángel
demonio de la muerte
con el alma
riendo a carcajadas todavía
sosteniéndola en una mano
y en la otra la cuchilla
pisando la carne flaca
señal mortal de lo mínimo
lo llaman Mijalis
dirías y fueron respondidos
con amistad de corazón

Di el eufemismo
di el engatusamiento
es igual la medida

Siguen el rastro de la resistencia
miden nuestro miedo
y sin embargo aún este
último canto fúnebre
crees un saludo
se escucha
como bienvenida

Cada uno es también un mar
ahogamiento personal

En una vuelta inesperada
al revés de la lógica
—¿cómo verdad?—
la vida parece
que sigue su final
y cuantos elegidos
sienten lo incompleto
en su continuidad

III

Un único lamento
el ejemplo de la nueva música
quién hablará de todo eso
quién construirá el poema
qué muchacha maestra de obras
salvará el puente

IV

Cambia de pronto el tiempo
gotas húmedas en la sudorosa superficie
de las cosas
incuban lentas transformaciones de las formas

El cuerpo sigue
oponiéndose débil a probables corrosiones

Bienvenida además en época de sequía
cualquier inesperada hidratación

ÚNICO PECADOR EN LA VIDA

I

Cuando espera una
—aunque violenta—
encarnación
en el cuerpo seco de la naturaleza
entra la floración parásita
del paisaje

Brillante cuanto se construye
sin ella
y la débil fuerza
poniendo contrafuerte
no vaya a ser que todo sobre él
se abata de pronto
lo hagan desaparecer

Aquel que siempre
solo sigue el rastro
de las migajas
de una vida huérfana

en la oscuridad
en los parajes más cerrados

Aquel
pequeña capilla
cuerpo en dádiva
para cuantos
no ven lugares paradisíacos
sino sólo aquí
en la escena terrestre
de tierra esperan
que quede huella un día
de su carne mortal

Cómo corre
el microcosmos barato
se rompe lo que se tejió
con hábil detalle
ante una verdad
tormentosa:
tú, mínima pepita
y el cosmos entero
universo singular
—tan pequeño
que lo sostienes en tu puño

—tan grande
que lo atraviesas en tu mente
y todo sobrando
de su esencia más honda

II

Se encontró como santo
conversando
con las formas santas
en aquel solitario reclinatorio
mojado por el mar

Y todos lo comprendieron entonces:
si no él, entonces ningún
audaz y arriesgado
abolidor
de cada marcha torcida
si no él, entonces nadie
regulando las órdenes silenciosas
cambiaría lo profético

III

Tres veces solo
solitario en la vida
paria de las tristezas
el único pecador en la vida

NATURALEZA ASEXUAL

Inocentes de sangre los ángeles caídos
al menos muchos intentaron salvarse
un poco de su humilde carne
en medio del alma floreciente

Mi demonio me tiranizará
no conocerá ni fiesta ni escuela
a pendiente cruel sembrada de rocas
    me conducirá
una aquí en el infierno otra de allí a las alturas

Designará una pausa poética
marcha estéril
tierra infértil
sólo versillos esparcidos respirando
y todo sonando en la boca de mi Lobo

APAGÓN

¿Cómo te meterás así ingobernable
en el bosque de los hombres?
¿cómo vas a coger el hilo?
Ariadna una traición evidente
encontrarás el camino me decía
y yo
Lobo fiel
caí en la trampa

Temo el torrente
cuando se desborda impetuoso
arrastrando en él
trozos e hilachos
de una vida derrochada
como si yo no sintiera otra vez su peso
de que no vaya la resistencia del pensamiento
    a no limpiarse ya
como si el pensamiento se ensuciara entero
    y mucho más
me come despacio la carne por dentro
    y me deshace
pero yo nunca fui un palo

cómo sucede que me apago
empequeñezco
dando vueltas en vuestra ciudad
Lobo solitario
humilde

FORMA DE MI LOBO
VUELTA A ESCRIBIR

Cuanto rastreo lo antiguo
se borra la escritura de hoy
y cuanto avanza pura
el mismo cristal roto
la de otro tiempo
tanto me entristece
todo lo mío borrado

Tiempos de guerras civiles
salvaron mi vida
sin combatir por doquier

Lobo solitario es también aquel
que entonces
con dos clavos en los pies
señal cruel
perseguía el destino
nadie respondió
allí estaba ante él
lo que hay de verdadero aunque inasible

Ahora Lobo también él
pregunta continuamente pregunta
si alguien
encontró el espacio
entre fiera y dios
y el hombre ¿dónde?

Mi Lobo el más duro
la criatura más bebedora de sangre
ahogó en sangre
todas las máscaras
solo avanza ya
soy la única solución
dice con seguridad
y yo
lo sé
le respondo

Recojo a continuación lo completamente rojo
en la sangre
visto los restos doble y triplemente
para que no aparezca huella
de cabello
que muestra un nuevo rostro
salvaje y negro

Pero es que el poema
(muy débil)
quiere más palabras suaves

He aquí cómo las palabras son abolidas
he aquí cómo queda lo incompleto
con una mutilación evidente

(cuándo yo no lo resisto
cuándo aquello no puede)

Hora temible de los apocalipsis
sin la justificación barata
de una voz de arriba
que haga inocente
cuanto anuncias horriblemente

(eso sólo en las Escrituras
aquí cuanto ella resiste)

EL PARAJE SEMBRADO DE MINAS

Cuando entras en el espacio sagrado
—ya que voces mucho antes que la tuya
lo definieron santo—
cuidas mucho tus pasos
para que no se encuentren sobre cadáveres
una amenaza bajo las plantas de tus pies
sientes que te turba a escondidas
y así en el aire
te abandonas a tu paso afortunado o
    desgraciado
cuantos te ven no sienten no comprenden
que te encuentras en lugar minado
por eso te insultan como cobarde
pero te contabilizan también pensamientos
    falsos
por eso es mejor dirías
balancearme aquí como inocente en mi dolor
en vez de servir a señores acaso elevadísimos
que desean sembrar minas
dejando el poema incompleto
no en el verso sino en la forma de pensar

NECESIDAD DE NOMBRE

En el extremo del horizonte
al subir la línea ulterior
cuanto más lo pienso más lo comprendo:
allí está el punto del hundimiento
quizás el final
pero quizás el principio
y la muerte más se apoya
en la mirada de los hombres

Así todo de pronto se vuelve tangible
en la punta de los dedos
cogiendo la vida y volviéndola
del revés
saliendo el sebo y el sudor
goteando el mundo interior
abriendo madriguera secreta
para que salgas a la otra orilla

El pensamiento no consiente seguir
sino que engendra convencimiento en
    convencimiento
y allí se arrastra serpiente dudosa:

Palabras que se abren solas
¿aunque todas ellas son hijas del pensamiento?
¿aunque toda la verdad sea mentira?
Son pequeños viernes solamente
salvándose por ellas mismas
regularizando muerte y vida

Palabras que se abren solas
reciclando el paraje interior
huso bordando sin piedad la vida
mostrando un sendero
huérfanos jardines de Adonis
expuestos al vano viaje
glorificando belleza y hermosura
dulzura primaveral

Y después envejecen soportablemente
en ley no escrita obedientes
víctimas de la vida piedades de la muerte
en el nombre de dioses eternos
pero el hombre
dónde se encontrará y a dónde irá a buscar
consuelo en lo que entiende
di poema di dios di esperanza

Sintiendo veneno en la desgracia
que traga la vida
nombres que siembra
poniendo sellos
definiendo quizás el mundo
pero solo uno de los nombres sin pisar
espacio cerrado
invisible al ojo humano

Allí hay necesidad de todo el alfabeto
sólo la primera letra
después la última
poniendo los límites
del mundo

No tienen necesidad de nombres la A y la Ω.

EL MITO SE RECICLA

Antiguos dioses
disuelven despacio sus nombres
en las leyendas
sometidos a nuevas piedades

Algunos
no resisten el olvido
exorcizan su desaparición
esperando una resurrección

Y él
pequeño e incapaz
trabaja en su cuerpo mortal
un nuevo sometimiento

suyo es también dios
y el mito es suyo
la desaparición y la resurrección
suya
y si quisiera todo lo aboliría
pero por más que lo intente
una pequeña mecha en él prende nueva llama

para quemar lo que erró en intento de fuga
—vana la esperanza el cuento sin piedad
gana siempre por puntos

el Lobo
con un indefinido
(puede que impotente)
deseo secreto
me mira fijamente
en el espejo

y yo
«¿no te basta
con haberlo destrozado
todo en mí
venas drenadas
que ahora también quieres el rostro?»

ÍNDICE

ÍNDICE